# CHAMBRE DE COMMERCE DE MARSEILLE

EXTRAIT DES REGISTRES DES DÉLIBÉRATIONS

## SÉANCE DU 24 MARS 1891

# RAPPORT

Sur l'Adoption de Conventions Internationales pour la solution des conflits
de loi en matière de droit maritime privé

PRÉSENTÉ

## Par M. Th.-P. RODOCANACHI

Membre de la Chambre de Commerce.

MARSEILLE

TYPOGRAPHIE ET LITHOGRAPHIE BARLATIER ET BARTHELET

Rue Venture, 19

**1891**

# CHAMBRE DE COMMERCE DE MARSEILLE

EXTRAIT DES REGISTRES DES DÉLIBÉRATIONS

## SÉANCE DU 24 MARS 1891

# RAPPORT

### Sur l'Adoption de Conventions Internationales pour la solution des conflits de loi en matière de droit maritime privé

PRÉSENTÉ

## Par *M. Th.-P. RODOCANACHI*

Membre de la Chambre de Commerce.

MARSEILLE

TYPOGRAPHIE ET LITHOGRAPHIE BARLATIER ET BARTHELET

Rue Venture, 19

1891

## Séance du 24 Mars 1891

. . . . . . . . . . . . . . . . . . . . . . . . . . . . . . . . . . . . . .

M. Th.-P. Rodocanachi donne lecture du Rapport suivant au nom de la Commission qui avait été chargée d'examiner un projet de conventions internationales pour la solution des conflits de lois en matière de droit maritime privé :

Messieurs,

Notre Chambre a été saisie par une circulaire en date du 20 août 1890, émanant du Ministère du Commerce de l'Industrie et des colonies, de l'étude d'un projet d'arrangement préparé par les soins du Gouvernement belge et contenant un certain nombre de propositions arrêtées par le Congrès international de droit commercial de Bruxelles pour la solution des conflits de loi en matière de droit maritime privé.

Vous avez renvoyé l'étude de cette question à une commission qui vient vous apporter le résultat de son travail.

Le but principal du Congrès de Bruxelles était d'élaborer une loi destinée à servir de modèle aux diverses législations nationales. Mais, comme il appartient à chaque pays d'apprécier dans quelle mesure et à quel moment il peut lui convenir de conformer sa législation aux vœux du Congrès, il a paru désirable que des règles fussent préalablement adoptées en vue de résoudre les conflits que la divergence des lois fait forcément naître en matière maritime.

Le Gouvernement français qui s'associe en principe au but poursuivi par le Gouvernement belge, estime toutefois qu'avant d'adhérer au projet de convention il y a lieu de rechercher si les règles consacrées par ce projet sont conformes, non seulement au principe du droit français, mais surtout aux intérêts de notre marine marchande. C'est donc sur ce point très précis que l'avis de notre Chambre est demandé par le ministre compétent et nous avons tenu à l'établir très nettement.

Le projet de convention soumis à notre étude est destiné à engager par voie de plénipotentiaires toute partie contractante vis à vis du Gouvernement belge, et par voie de répercussion vis à vis de toute autre partie contractante.

La convention entrerait en vigueur trois mois après l'échange des ratifications et les effets en devront cesser après un délai d'un an de la dénonciation.

Cette convention comporte cinq articles que nous allons successivement examiner. Mais il convient auparavant d'indiquer par quelques considérations générales les grandes lignes de ce projet et sa genèse et aussi par quels travaux préliminaires sa rédaction a été conçue et préparée.

La divergence, qui existe entre les diverses législations qui règlent les conflits de droit maritime, a fait naître dans des cas très nombreux des inconvénients graves qu'il a paru bon d'essayer de faire cesser ou tout au moins d'atténuer.

S'inspirant de cette pensée, le Gouvernement belge a pris l'initiative d'un Congrès international de droit commercial en 1888.

A ce congrès se sont fait représenter en dehors de la Belgique : l'Espagne, les Etats-Unis d'Amérique, la France, l'Italie, le Japon, les Pays-Bas, le Portugal, la Russie, la Turquie et divers autres pays d'Europe et des autres parties du monde. L'Angleterre n'était pas officiellement représentée.

Nul ne saurait méconnaître que l'adoption par toutes les nations sans exception d'un code maritime international, uniforme, commun à toutes, agréé et accepté par chacune d'elles, réaliserait au point de vue pratique une des réformes les plus fécondes et les plus précieuses que le monde commercial puisse souhaiter.

Mais une réforme pareille, si elle doit être réalisée un jour, demande de longs travaux préparatoires de très patientes études, et ne saurait en aucun cas être résolue par un Congrès dans lequel certaines puissances ne se sont pas fait représenter et notamment celle dont le tonnage est supérieur à celui de toutes les autres réunies.

Il a donc paru que le moyen le plus sûr de préparer les voies de cette grandiose évolution, c'est-à-dire de l'unification de la législation commerciale, était de recourir provisoirement à des conventions internationales.

Ces conventions ont surtout pour but de faire adopter, par les nations contractantes, l'application la plus large de la loi du pavillon.

On a pensé qu'il y avait là un principe simple qui éviterait dans la pratique des inconvénients graves et qui, surtout en matière d'hypothèque et de privilèges maritimes, pourrait favoriser les progrès de la marine marchande.

2

On appelle, en droit commercial maritime, la loi du pavillon, la loi qui régit le navire de mer en raison du pavillon qu'il porte. Or, à l'heure actuelle, dans les conflits maritimes, la loi de son pavillon propre cesse de régir un navire de nationalité quelconque aussitôt que ce navire sorti des eaux nationales vient raisonner dans des eaux étrangères. C'est, à partir de ce moment, sauf certains cas particuliers, cette législation étrangère qui le régit et non plus la loi de son propre pavillon.

Il suffit, pensons-nous, d'indiquer ce système pour qu'il soit superflu de nous appesantir sur les inconvénients qui en peuvent découler dans la pratique.

Il semble donc, *à priori*, désirable d'arriver par voie de convention internationale à stipuler que désormais la loi de son pavillon demeurera attachée à chaque navire et le suivra partout où il ira aborder, subir un conflit ou une contestation, faire une opération légale, telle que transmission de propriété, purge d'hypothèque maritime, règlement d'intérêts entre co-propriétaires, etc.

Mais encore faut-il reconnaître que dans ce projet de réforme, une certaine sélection était à faire. Il était impossible, en effet, de songer à résoudre tous les conflits de lois en matière de droit maritime privé.

Le Congrès n'a dû retenir que les principaux et même parmi ceux-ci, que ceux qui paraissent pouvoir être vidés sans soulever des objections résultant des dispositions trop précises des législations de certains pays contractants. C'est le résultat de cette sélection que le Congrès a condensé en neuf paragraphes qui figurent à l'article premier du Projet de Convention.

Si le principe de la loi du pavillon était admis, cette loi servirait à déterminer :

1° Les droits réels dont le navire est susceptible ;

2° Les modes d'acquisition, de transmission et d'extinction des droits réels et les formalités à remplir pour ces acquisitions, transmission et extinction ;

3° Les conditions de l'existence, de l'exercice et de l'extinction du droit de suite ;

4° Les créances privilégiées sur le navire et leur rang ;

5° Les règles applicables aux rapports de droit entre les co-propriétaires d'un navire, entre ces propriétaires et le capitaine, entre le propriétaire ou le capitaine et l'équipage.

Nous nous sommes limités à dessein dans l'énumération des divers paragraphes contenus à l'article 1, aux cinq premiers, car il nous semble que le commentaire est peut-être fait en bloc, tandis que les suivants doivent être étudiés à part.

Ces cinq premiers paragraphes ont donc pour objet de retenir sous la juridiction de la loi du pavillon, un certain nombre de droits attachés au navire, droits dont le règlement est loin d'être uniforme dans la législation de chaque pays. Ainsi, au point de vue de l'hypothèque du navire, de sa mise en nantissement, de son affectation à un emprunt à la grosse, les tribunaux décideront dans le sens de l'affirmative ou de la négative selon que la législation du pays où ils rendent la justice, admet ces institutions ou les repousse.

Si, au contraire, le principe de la loi du pavillon est admis, ces divergences ne pourront plus se produire et c'est la législation de son propre pays qui prévaudra pour chaque navire.

S'il s'agit des modes d'acquisition, de transmission et d'extinction, des droits réels ainsi que des formalités qui les règlent, il est bien certain, d'une part, que toutes les législations maritimes admettent ces échanges et en règlent les formalités ; mais elles diffèrent, d'autre part, dans les délais de la prescription ou du délaissement par exemple.

Ne semble-t-il pas, dès lors, qu'il serait désirable que la loi du pavillon réglât désormais tous ces actes, pour chaque navire, en la forme prescrite par sa loi nationale.

Nous verrons toutefois plus bas qu'une réserve a été faite au point de vue de certaines formalités en pays étranger selon. que l'acte est passé chez le consul ou devant le magistrat du lieu.

Le paragraphe 3, règle les conditions de l'existence, de l'exercice, et de l'extinction du droit de suite.

Les législations sont divergentes à ce sujet.

Dans certains pays, en France notamment, le droit de suite appartient à tous les créanciers, même aux créanciers chirographaires.

Dans d'autres, au contraire, il est réservé aux créanciers privilégiés.

N'est-il pas souhaitable que là aussi la loi du pavillon soit appliquée ?

Il en sera de même pour les créances privilégiées énoncées au paragraphe 4.

Si nous passons au paragraphe 5, nous nous trouvons en présence des règles applicables aux rapports de droit entre les co-propriétaires, entre les propriétaires et le capitaine, entre le propriétaire ou le capitaine et l'équipage.

Est-il contestable que ce soit une sorte de déni de justice et en tous cas un réglement d'intérêts contraire à la logique, que de substituer une juridiction nouvelle à celle sous l'empire de laquelle de premiers accords ont été contractés ?

Celui qui à bord d'un navire a contracté un engagement, qu'il soit propriétaire, co-propriétaire, capitaine ou engagé, n'a-t-il pas intérêt à se voir indéfiniment régi par la loi primordiale du contrat, sans que cette règle soit détruite par le seul fait du déplacement du navire qui le porte ?

Nous pensons que c'est résoudre la question que de la poser.

Nous vous avons donné là, Messieurs, dans une analyse rapide, le résumé et comme la synthèse des travaux du Congrès International de droit commercial d'Anvers en 1885 et du Congrès de Bruxelles en 1888, sur ces quelques points spéciaux.

Vous pouvez accepter ces textes avec confiance, car ils ont été arrêtés, pour ainsi dire mot par mot, après une discussion contradictoire approfondie, discussion à laquelle ont pris part avec un esprit de parfaite impartialité les représentants les plus autorisés des puissances maritimes dont nous vous avons donné les noms au début même de ce Rapport.

Nous abordons maintenant l'étude spéciale des paragraphes 6, 7, 8 et 9 qui contiennent les parties les plus controversées de la discussion parce qu'ils soulèvent des questions de responsabilité diversement réglées par les législations de chaque nation. Ces paragraphes visent :

§ 6. — L'étendue de la responsabilité du propriétaire du navire à raison des actes du capitaine et des gens de l'équipage.

§ 7. — Les pouvoirs du capitaine pour pourvoir aux besoins pressants du navire. ceci s'entendant pour l'hypothèque, la vente, les emprunts à la grosse.

§ 8. — Les indemnités dues au navire à raison de l'assistance prêtée en mer à d'autres navires.

§ 9. — Les obligations de chacun des navires poursuivis à raison d'un abordage en mer et les indemnités dues par chacun de ces navires.

Il nous semble, Messieurs, qu'il aura suffi d'énoncer les titres de ces quatre paragraphes devant des hommes compétents en matière de droit maritime, pour faire comprendre combien la question qui était simple à résoudre

jusqu'à ce point de notre étude devient maintenant délicate et complexe. Et
nous vous demandons de revenir ici sur un point que nous avons incidemment touché au début de notre Rapport.

Nous vous signalions l'abstention de l'Angleterre dans ces négociations.

Or, l'Angleterre représente à elle seule environ les 5/8$^{os}$ du tonnage du
monde entier. Si donc elle demeure étrangère aux conventions que nous
étudions, si elle persiste à se tenir en dehors de ce consortium des grandes
nations maritimes, vous reconnaîtrez que l'intérêt de ces conventions se
trouvera singulièrement affaibli et qu'il leur manquera la plus sérieuse des
sanctions : celle du nombre. Cette première réserve faite, nous devons
ajouter ceci :

Il n'est pas en matière de droit maritime de questions qui soulèvent plus
de controverses, de conflits, de procès, de divergences d'appréciation que
celles qui ont trait aux indemnités dues aux navires à raison de l'assistance
prêtée en mer.

Quant aux obligations des navires poursuivis à raison d'un abordage et
des indemnités dues par eux, chaque cas spécial a donné lieu à un procès, et
à des interprétations diverses selon les juridictions devant lesquelles les conflits auront été portés.

Si donc il fallait motiver une opinion sur cette question, il faudrait pro-
céder à une étude comparée de toutes les législations existantes, en rappro-
cher les dispositions de celles de notre loi nationale et dresser en quelque
sorte un tableau des cas spéciaux où l'avantage resterait à la loi française
pour la meilleure protection des intérêts de notre marine marchande, et de
ceux où par contre la loi étrangère lui serait plus favorable.

Nous ne pensons pas, Messieurs, qu'une étude aussi minutieuse et
aussi complète nous soit imposée ; elle sortirait évidemment et du cadre
forcément restreint de ce rapport et des attributions de votre Compagnie ;

mais nous n'hésitons pas à la recommander incidemment à l'attention de quelque chercheur patient, car il y aurait un intérêt de premier ordre, pour l'armement du monde entier, dans une étude comparée de toutes les législations en matière d'abordage, étude qui pourrait contenir, en manière de conclusion, une codification uniforme pour le règlement de ces conflits.

Revenant aux textes des paragraphes 6, 7 et 8, nous voyons proposer l'application de la loi du Pavillon pour le règlement de la responsabilité des propriétaires de navires, à raison des actes du capitaine ou des gens de l'équipage. .

Nous avons consulté des armateurs à ce sujet.

Presque tous nous répondent :

Cette formule nous convient.

Qu'on nous juge selon notre loi, qu'on nous frappe selon notre loi, si nous sommes en faute. Nous aimons à savoir à l'avance dans quelles limites déterminées se trouve définie notre responsabilité.

Que si d'autres législations plus libérales nous font des conditions meilleures, nous en abandonnons bénévolement le profit. Nous aimons mieux savoir quel peut être le maximum de notre pénalité, même si, dans certains cas, cela doit nous coûter plus cher ; dans la moyenne, nous n'y perdrons pas.

Ils nous ont paru de même accepter sans répugnance que la loi du pavillon réglat les pouvoirs du capitaine pour pourvoir aux besoins pressants du navire, l'hypothéquer, le vendre, etc., sous la seule réserve de se conformer pour les formalités préalables et la forme des actes soit à la loi du pavillon, soit à la loi du port où s'accomplissent ces formalités.

Ils se meuvent à l'aise dans ces facilités qui les rassurent contre toute surprise et nous paraissent y trouver de sérieux éléments de sécurité.

Le paragraphe 8 se rapporte à l'assistance en mer. Quelle loi convient-il de lui appliquer ? Eh bien, Messieurs, on vous propose d'adopter la règle qu'avait consacrée le Congrès d'Anvers et qui peut se résumer par cette formule :

« En matière d'assistance, il faut suivre la loi de l'assistant. »

Les Anglais sont nos maîtres en ces matières et ils nous disent qu'il faut encourager l'assistance. Assurément, ils ne sont pas guidés par un simple intérêt d'humanité, mais leur esprit pratique les inspire bien, d'après nous.

Or, vous encouragerez l'assistance, si vous donnez au capitaine la garantie qu'il ne prêtera pas assistance à un navire soumis à une législation peu libérale de laquelle il n'a à attendre qu'une indemnité dérisoire. Il faut qu'il sache que l'indemnité sur laquelle il peut compter sera l'équivalent de celle qui lui serait acquise par sa propre loi.

Nous abordons maintenant avec le paragraphe 9, l'ordre d'idées le plus important et le plus complexe celui des conflits de lois en matière d'abordage.

Lorsqu'un abordage maritime se produit, il est presque obligatoire qu'il fasse naître des conflits de lois multiples.

Quand la nationalité des navires diffère, quelle loi appliquera-t-on pour déterminer quel est celui des deux navires qui a fait faute ? Et en admettant que ce point soit réglé, d'après quelle loi déterminera-t-on qui supportera le dommage ? On propose d'appliquer en principe la loi du pavillon du navire abordeur ; mais, toutefois, avec cette atténuation que le propriétaire du navire abordé ne peut se prévaloir de la loi du navire abordeur, si les dispositions de sa loi personnelle ne lui donnent pas le droit qu'il invoque. C'est le système adopté par le Congrès d'Anvers et confirmé par celui de Bruxelles. On pourrait objecter que l'application de deux législations différentes à la demande principale et à la demande reconventionnelle peut amener certaines contradictions entre les décisions qui seront rendues, mais ce ne sera jamais qu'un conflit négatif, c'est-à-dire, que chacun des capitaines bénéficiera de sa loi nationale. Il y a dans cette disposition du paragraphe 9 une impression favorable qui se dégage. Est-il juste qu'un navire soit en faute parce qu'il n'a pas obéi à une loi qu'il ne connaît pas ? Il ne sait pas où il sera poursuivi. Ce peut être en Allemagne, en Espagne, en France, dans l'un des pays contractants.

Quelle loi doit observer ce capitaine pour ne pas être forclos ?

L'équité naturelle dicte la réponse.

Le capitaine doit suivre la loi de son pavillon. S'il méconnaît ou viole cette loi, il est coupable : il doit payer les dommages qui sont la conséquence de cette violation. Ceci dit, le paragraphe 9 ajoute que : néanmoins, les personnes qui se trouvent à bord d'un navire engagé dans l'abordage, les propriétaires du corps et des facultés ne pourront obtenir des indemnités supérieures à celles qu'ils seraient en droit de réclamer eux-mêmes, ni des condamnations solidaires si d'après la loi de ce pavillon les débiteurs des indemnités n'en sont pas solidairement tenus.

Il y a là deux questions distinctes :

Donner au poursuivant le droit de faire un choix parmi les législations applicables à l'abordage en choisissant le tribunal devant lequel il assigne son adversaire, n'est-ce pas favoriser des calculs intéressés ?

Il fallait opter entre la loi des deux pavillons en conflit, celle du demandeur, celle du défendeur.

Dans le doute, n'est-ce pas le débiteur, l'obligé qui doit être avantagé ?

Il y a pour cela une autre raison qui a paru décisive.

Quelles obligations doit remplir un navire pour ne pas être en faute.

Une seule loi s'impose à lui, celle qu'il connaît c'est-à-dire la sienne.

Du moment qu'il remplit les obligations que lui prescrit son pavillon et paie les indemnités qu'il détermine, on ne saurait rien lui demander de plus.

Voilà pour le premier point.

Quant au second relatif à la limite des indemnités à obtenir, on l'a dit au Congrès de Bruxelles en termes excellents. La loi de l'assigné, la loi de l'abordeur demande un correctif. L'équité ne saurait permettre à l'abordé ou créancier de demander plus que sa propre loi ne lui accorde. Il faut sur le terrain neutre où l'on se trouve lutter à armes égales. Celui qui réclame une indemnité pour abordage, ne saurait obtenir plus qu'il n'obtiendrait lui-même d'après sa propre loi si les rôles étaient renversés.

Si donc, la loi du demandeur lui accorde moins que la loi du défendeur, la limite de ses droits ne sera plus tracée par la loi de son adversaire, mais par la sienne propre.

Nous avons tenu à mettre sous vos yeux le texte précis de cette discussion, car il nous a paru très caractéristique et très probant.

Nous avons, Messieurs, non pas épuisé assurément l'étude des neuf premiers paragraphes de l'article premier, mais tout au moins essayé de les faire passer sous vos yeux avec les commentaires succincts qu'ils comportent, Nous ne nous dissimulons pas combien cette étude est ardue et abstraite et nous avons à nous excuser de ne pouvoir vous la présenter sous une forme moins diffuse. Mais le sujet ne le comporte pas et nous devons même avouer que nous avons dû laisser dans l'ombre bien des points qui eussent mérité d'être mis en lumière, mais dont l'examen nous aurait entraînés trop loin.

La deuxième partie de notre travail est plus simple.

L'article 2, prescrit qu'en cas d'abordage ou d'assistance commencée en mer, le capitaine et les intéressés ont la facilité pour la conservation de

leurs droits d'opter au point de vue de la forme et des délais de leurs récla-
mations entre :

La loi du pavillon,

Celle du navire débiteur,

Celle du premier port où le navire aborde.

Cette disposition essentiellement libérale nous paraît équitable. Peut-être
pourra-t-on dire que sur ce point précis où la loi française est particulière-
ment rigoureuse, c'est faire une faveur aux pays contractants que d'en
étendre le cadre à leur profit ? Cela est peut-être vrai. Mais n'y a-t-il pas
lieu de voir les choses de plus haut et, de façon générale, de donner au
capitaine des facilités plus grandes pour éviter les fins de non-recevoir.

C'est notre avis et nous nous rallions à cette rédaction.

L'article 3, dit, *que le règlement des avaries se fera d'après la loi du
port de reste.*

Cet article ne nous paraît pas apporter d'innovation dans les usages con-
sacrés. En effet, il est admis aujourd'hui dans la pratique courante des
choses maritimes que le règlement des avaries, tant au point de vue de la
forme, que du fond, se fait d'après la loi du port où le navire débarque, sauf
stipulation contraire.

On a pensé toutefois que, comme il y a en ces matières des conflits de loi
souvent assez graves, il était nécessaire que la convention se prononçât sur
la règle à appliquer, lorsque les contrats négligent de le faire.

L'avantage de déterminer la loi du port de reste pour le règlement des
avaries, c'est qu'il est logique que ce règlement se fasse là où le voyage est
terminé, où il ne peut plus intervenir de nouveaux risques, ni aucun dommages et surtout là où se font utilement les constatations matérielles et où
surgissent les incidents auxquels celles-ci peuvent donner lieu. C'est du reste
ce qui se passe, nous le répétons, dans la pratique.

Nous croyons du reste superflu d'ajouter que cette règle n'est obligatoire pour les parties contractantes que dans le silence des contrats, c'est-à-dire lorsque ceux-ci n'en font pas mention ; car, il va de soi que si affréteur et chargeur ont de commun accord stipulé et accepté que le règlement des avaries se fasse, par exemple, au port d'attache, cet accord spécial primera la règle générale établie par la convention internationale. Actuellement beaucoup de navires, notamment les Anglais, stipulent que ces règlements d'avaries se feront selon les règles d'York et d'Anvers. Nous comprenons que ce droit serait conservé et, dans ces conditions, nous ne voyons aucun inconvénient à accepter les dispositions de cet article 2.

Quant aux articles 4 et 5, ce sont de simples articles d'ordre sur lesquels nous n'avons pas à nous arrêter.

Nous avons pour terminer à examiner les trois articles du protocole additionnel.

PROTOCOLE ADDITIONNEL. — ARTICLE PREMIER. — Le premier nous paraît consacrer une excellente doctrine.

Il prescrit que. toutes les fois qu'un navire portant le pavillon d'une des nations contractantes sera engagé dans une contestation, les tribunaux des pays contractants ne pourront refuser de statuer sur les demandes qui leur seront soumises, afin d'ordonner des mesures provisoires et conservatoires même à l'encontre d'étrangers.

Nous croyons qu'il suffit d'énoncer cet article pour que l'on en comprenne le bénéfice et la portée.

Combien de fois les armateurs en pays étranger, ne se sont-ils pas trouvés en présence de mauvaises volontés « souvent intéressées » pour la sauvegarde de leurs droits.

Le capitaine se trouvait sans armes pour exercer son recours et il en résultait de graves dommages.

ARTICLE 2. — L'article 2 du protocole est ainsi conçu :

« Quand dans un sauvetage chacun des navires qui ont donné ou reçu
« assistance et dans un abordage chacun des navires qui ont participé à la
« collision, porte le pavillon d'un des pays contractants, l'action en indem-
« nité pour cause d'assistance ou d'abordage peut être intentée devant les
« tribunaux de chacun des pays contractants pourvu que le tribunal saisi du
« litige soit :

« 1° Celui du domicile personnel du défendeur ;

« 2° Celui du port d'attache du navire assigné ;

« 3° Celui dans le ressort duquel le navire assigné a été trouvé ;

« 4° Celui dans le ressort duquel l'abordage ou l'assistance a eu lieu. »

Cet article 2 du protocole additionnel ne nous semble présenter aucun
progrès sur l'état de choses actuel.

Il indique quels sont les tribunaux compétents entre navires des pays contractants pour connaître des actions en rémunération d'assistance ou en
réparation des abordages.

Actuellement une des grandes difficultés en semblables matières est de
déterminer, surtout en cas d'assistance ou d'abordage en pleine mer, quelle
est la juridiction qui doit être saisie.

Chacun préfère la sienne où il espère trouver un traitement plus favorable
et il arrive fréquemment que, soit par l'une, soit par l'autre des parties, soit
par les deux à la fois, plusieurs tribunaux sont saisis de la même action
simultanément. De là, des lenteurs dans la marche des procédures, des
contradictions dans les décisions rendues, des difficultés sans nombre pour
leur exécution.

Une bonne convention internationale devrait prévenir semblables
difficultés et pour cela il serait indispensable d'attribuer à un seul tribunal
la connaissance des actions d'assistance et d'abordage.

Il ne faut pas perdre de vue que dans une collision chacun se prétend

innocent de toute faute et entend faire peser la responsabilité sur l'adversaire, de sorte que tout procès est double. Avec les quatre tribunaux nommés par le protocole additionnel comme compétents, ce seront en réalité huit juridic- tions qui pourront être également saisies valablement et comme elles seront presque toujours de nationalité différente, quelle sera la cour suprême qui sera chargée de régler les juges et de déterminer la compétence définitive ?

L'unité de compétence nous paraîtrait la seule réforme véritablement intéressante à réaliser dans l'ordre d'idées qui nous occupe, mais le projet qui nous est soumis ne constitue aucun pas en avant pour la solution pratique et juridique. Quand l'abordage ou l'assistance a lieu dans un port ou dans les eaux territoriales d'un pays, on déciderait avec raison que le tribunal compétent est le tribunal du lieu de l'événement, en se conformant à une jurisprudence universellement adoptée.

Mais quand ces événements se sont produits en mer, la question devient infiniment moins facile à résoudre et la multiplicité de tribunaux indiqués par le protocole comme aptes à connaître du litige, ne ferait que multiplier les incidents dans les procédures au grand détriment des plaideurs et de la bonne administration de la justice.

Voilà ce que nous avons à dire sur l'article 2 du protocole additionnel.

ARTICLE 3. — Quant à l'article 3, c'est encore un article d'ordre réglant l'entrée en vigueur et la date de cessation des effets du protocole et nous n'avons pas à nous y arrêter autrement.

Nous atteignons ici le terme de notre rapport et il nous faut à la fois nous résumer et conclure.

CONCLUSIONS. — Nous dirons donc, d'une manière générale, que l'impres- sion qui se dégage de l'étude consciencieuse que nous avons faite des travaux des congrès d'Anvers et de Bruxelles, est que c'est une œuvre méritoire, profondément honnête et impartiale, et que les conditions dans lesquelles elle a été entreprise et terminée sont faites pour inspirer une entière sécurité et une entière confiance.

Nous nous associons à la partie des conclusions qui sont soumises à notre approbation et qui sont comprises dans les paragraphes 1, 2, 3, 4, 5 et 7 de l'article premier. Pareillement aux conclusions des articles 2, 4 et 5 de la convention et des articles 1 et 3 du protocole additionnel.

Quant aux paragraphes 6, 8 et 9 de l'art. 1, et à l'article 2 du protocole additionnel, nous déclarons que, sans en repousser les termes, nous ne pouvons assumer la responsabilité de dire que nous en adoptons les conclusions sans réserves. Pour le faire, il nous eût fallu une étude autrement approfondie, et des discussions contradictoires entreprises avec des jurisconsultes, avec des avocats, et avec les intéressés, et de longs mois eussent à peine suffi pour arriver à des résultats certains sur tous les points à examiner.

Et, du reste, ces réformes sont de celles qui ne disent leur dernier mot que lorsqu'elles sont entrées dans le domaine des faits et de la pratique.

C'est déjà beaucoup que l'on en puisse dire qu'elles s'inspirent d'une tendance très large et très libérale, et que c'est dans un esprit parfait d'équité que le programme en a été dressé.

Elles auraient déjà marqué un précieux progrès en enlevant à la procédure internationale son caractère actuel d'hésitation.

Nous leur trouvons aussi le mérite de préparer, dans un avenir trop éloigné, peut-être, mais que l'on peut entrevoir, le travail d'unification de la législation maritime internationale.

Mais pour que l'œuvre fût vraiment féconde, il serait nécessaire et nous ne saurions trop le répéter, que l'Angleterre apportât son adhésion et consentît à entrer dans le concert des nations contractantes ; à défaut, ces conventions demeureraient lettre-morte et l'on n'aura jamais fait qu'une œuvre incomplète et boîteuse.

Nous vous proposerons donc, Messieurs, de répondre à la demande du Ministre du commerce par un avis favorable, sous les réserves indiquées pour les paragraphes 6, 7, 8 et 9 de l'article 1, réserves qui ne comportent pas un avis défavorable mais simplement le scrupule de ne pouvoir donner un avis suffisamment étudié sur des matières d'un caractère aussi spécial et aussi complexe et dont l'étude approfondie nous paraît échapper à la compétence de notre Compagnie.

Ce rapport entendu, la Chambre en adopte les conclusions et les convertit en délibération.

Marseille. — Barlatier et Barthelet.

www.ingramcontent.com/pod-product-compliance
Lightning Source LLC
Chambersburg PA
CBHW050426210326
41520CB00019B/5812